Sin perder la fe en Jesús

Llegue a ser lo que Cristo quiere que sea en su Obra, por su Gracia y su Misericordia

Tu fe en Cristo, te sostendrá en tiempos difíciles

Rubí Romero Patricio

PAGE PUBLISHING
Conneaut Lake, PA

Primera publicación original de Page Publishing 2023

ISBN 979-8-88960-740-3 (Versión Impresa)
ISBN 979-8-88960-769-4 (Versión Electrónica)

Libro impreso en Los Estados Unidos de América

*Primeramente, este libro se lo dedico a mi Dios
que me dio la vida y la salvación eterna.
Segundo, este libro también se lo dedico a mis siete hijos, con
tanto amor y empeño. Un amor infinito, que no tiene fin.
Que Dios los bendiga.
Bendiciones.
Familia Romero…*

Índice

Agradecimiento a Dios

Quiero agradecer a Jesús que me dio la vida y la salvación eterna, quiero agradecer a Dios por estar conmigo en los momentos más difíciles de mi vida, compartiendo siempre su victoria, sus bendiciones, sus promesas, sus milagros, por su amor infinito.

Le doy gracias a Dios por su gran Misericordia. Le doy gracias a Dios por el hermoso privilegio de ser mamá y permitirme tener a mis hijos; Baltazar, Misael, Adriana, Abram, Sara, Jonathan y Moisés.

Estoy agradecida con Dios por cuidar de todos mis hijos. Cuando uno de mis hijos está pasando por el desierto, Jesucristo lo fortalece y le da la victoria, porque su palabra dice en *Hechos 2,39*: *"Porque para nosotros es la promesa y para nuestros hijos"*.

Le estoy agradecida a Dios por mis lindos padres (Q. E. P. D), Petra y Ruperto Romero. Fueron unos padres maravillosos que me dieron amor, me enseñaron a caminar por el camino angosto, sin saber qué es la salvación en Jesús.

Estoy agradecida por todo lo que Cristo ha hecho en mi vida y en la vida de mis hijos. Le doy gracias a Dios por mi primer libro.

El primer libro inspirado por el Espíritu Santo

Toda la escritura es inspirada por Dios y útil para enseñar, para redargüir, para corregir, para instruir en Justicia. A fin de que el hombre de Dios sea perfecto. Enteramente preparado para toda buena obra. Amén. *2 Timoteo 3,16-17.*

No existe la derrota para quien pone su fe y su confianza en Cristo.

Gracias a su poder y por la fe nos hacemos fuertes y llenos de fortaleza, en medio de toda debilidad del enemigo. *Romanos 8,37: "Somos más que vencedores por medio de aquel que nos amó".*

CAPÍTULO I

Sin perder la fe en Jesús

Debemos tener esa gran fe en nosotros mismos. Aunque las tormentas vengan sobre tu vida, tenemos que confiar en Dios. Para confiar en Dios, tenemos que depender de esa fe poderosa, que la da Jesús, sin perder la fe en nosotros mismo. Si tenemos esa fe, entonces vendrán éxitos para seguir adelante con victoria. Sin perder la fe en Jesús es lo más lindo para luchar, seguir adelante y ganar la victoria.

Los mejores momentos de mi vida han sido en el altar de Cristo, al interceder por el mundo, para fortalecerme en el Espíritu Santo. El amor verdadero de Dios no tiene fin. Si estoy pasando por problemas tengo que seguir la fe. El único amor verdadero es el de Cristo. Dice la palabra, sin perder la fe en Jesús, porque vienen días de gloria para todos. Las promesas de Dios son verdaderas y su palabra es fiel. El Espíritu Santo es mi ayudador para fortalecerme. Obedeceré la voz de Jesús, seré y haré todo lo que Jesús quiera que haga. Recibiré todo lo que Dios quiere que reciba. Esto son días de victoria y fe. He sido una mujer llena de fe y de sabiduría por la gracia de Cristo.

Solo le pido que los tiempos que vengan a mi vida sean mejores. Que me dé la fuerza para seguir caminando y que cambie todo lo que me afecte en mi vida. Que me fortalezca para seguir luchando contra la marea y tormenta. Con su misericordia y con su amor llene todo el vacío de mi corazón. Cuando necesito hablar con alguien y no está la persona, busco hablar con Cristo. Él nunca se desconecta de mi vida, siempre está allí esperándome. Nuestra fe debe estar firme, basada y cementada en la palabra de Jesús. Y siempre sin perder la fe, esa fe preciosa que Dios nos da.

A veces no podemos encontrar la salida de tantos problemas que hay en la vida de las familias, de las personas. Buscamos y buscamos y no podemos salir de los problemas. Hasta que doblamos rodillas y es allí donde encontramos las respuestas a los problemas. Encontramos la salida hacia la fe. Entonces todo se hace fácil para seguir caminando, porque le pedimos a Cristo salir de los problemas por medio de esa fe poderosa. La fe que derriba todo lo que nos hace estorbo para seguir adelante. *San Lucas 8,25: "Y les dijo Jesús; ¿Dónde está vuestra fe?"*

Cuando no entiendas lo que está pasando en tu vida, no le des la espalda al problema. Enfréntalo en el nombre de Jesús. Ponte de rodillas, cierra tus ojos y ponte a orar, di así: *"Señor, sé que esto es parte de tu plan. Por favor, solo te pido que me ayudes a superarlo y venga lo que venga no temeré. Mi Dios está conmigo y lo imposible no existe para Dios. Tengo fe, porque tu palabra dice: "Todo lo puedo en Cristo que me fortalece".*

Por la autoridad de Jesucristo se quiebra todo poder maligno y se obtiene liberación en las áreas que necesitamos. Mediante la fe conoceremos su poder, no importa cuán grande sea la montaña. Lo importante es que Dios derrumba todo tipo de montañas de problemas. Nosotros como cristianos, tenemos que estar preparados en la fe sobre los problemas.

La fe es como un granito de mostaza, tan pequeñito. Después se desarrolla como las raíces de la fe, que va creciendo poco a poco. Pero hay fe que crece tan rápido como un árbol grande. Esa fe me levanta y me da fortaleza para mi alma, mi corazón y mi cuerpo. Que esa semilla de fe y amor que el Señor Jesús ha plantado en mi corazón, siga creciendo y floreciendo en mi corazón y en mi vida. De tal manera que nunca se marchite mi fe y amor hacia Jesús. Que yo tenga fe en cualquier problema que venga, o que el enemigo me ponga. Nunca pierdas la fe. Confía en el tiempo de Jesús y en sus promesas. ¡Aleluya! ¡Amén!

Las victorias, los milagros y las bendiciones vienen por medio de la fe. Si tenemos fe, tenemos todo por la gracia de Dios. Porque por medio de la fe logramos tener la victoria en Jesús. Gracias a Cristo he sido transformada por el amor y por su gran misericordia. Tengo fe en el señor y me alimenta con su palabra cada día de mi vida.

¡Aleluya! Gloria al Todopoderoso.

La fe victoriosa mira más allá de las circunstancias del momento. Esta fe no se basa en las derrotas cuando parece que todo se desmorona, porque nosotros somos importantes para Jesús y él hará un gran cambio en tu vida. Todo por medio de la fe que tengamos en Cristo.

La fe mueve grandes montañas cuando aprendemos a confiar y a esperar en Cristo. Así es como se abren las puertas a tu favor. Con una gotita de fe se moverá esa montaña, solo debemos tener fe. fe es la certeza de lo que se espera, la convicción de lo que no se ve.

Cuando aprendemos a confiar y a esperar en Cristo es como se abren grandes puertas a tu favor. Ningún obstáculo hay para el que confía en Dios, porque su palabra dice que solo teniendo fe la montaña se moverá. Tener fe no significa que no vas a tener problemas, sino que eres capaz de enfrentarlos sabiendo que la fe es adelantarse a la victoria. La fe mueve montañas que el hombre no puede hacer, pero para Dios es todo posible.

Toda fe verdadera moverá la mano de Cristo a nuestro favor y está centralizada en Dios. Dios hace milagros a través de la fe.

Es necesario pasar diversas pruebas y problemas para que la fe vaya creciendo en nosotros, en nuestra vida espiritual, pero ante todo tenemos que saber que la fe es adelantarse a la victoria y así poder vencer al enemigo en cualquier problema. Por fe, Cristo nos dará la bendición, la victoria y el milagro. Por fe Cristo nos guiará hacia la meta.

En las tormentas tan dolorosas alaba a Jesús. No importa cuán difícil sea por lo que estés pasando, a veces Dios permite pruebas muy duras y dolorosas, para que tú sepas que tu fe es adelantarse a la victoria. No porque te haya abandonado, sino para que tengas fe y te acerques más a Él. Pero en medio del proceso el Señor te llena de su paz.

Cristo siempre permanece fiel a nosotros, por ningún motivo pierdas tu fe, porque separados de Él nada podemos hacer. Por fe Cristo nos guiará hacia la meta, hacia la victoria. Tener fe es adelantarse a la victoria, porque la fe en Jesús y en su palabra permitirá que su espíritu nos guíe, correctamente, por el camino que debemos seguir.

Así como Jesús sanó al ciego, sanó al paralítico, sanó a la mujer del flujo de sangre y muchos milagros… por medio de la fe. También te puede sanar a ti. ¡Solo ten fe!

La fe tiene la capacidad de mover la mano de Jesús cuando la tuya ya no tenga fuerza. A Dios no lo mueve tu necesidad, a Dios lo mueve tu fe si lo crees. *San Marcos 10,52: "Y Jesús dijo; Vete, tu fe te ha salvado".*

Muchos piensan que la fe está basada en ídolos de yeso, pinturas, piedra, madera y no es así, esa fe no existe en los ídolos. La fe que nosotros creemos es la fe que está basada por Jesucristo. Una fe poderosa e increíble para hacer grandes milagros a través de Cristo. Cristo es suficiente para sanar y restaurar vidas. porque la fe está basada por Jesucristo. Amén.

Si usted piensa que la fe es basada por Jesucristo, entonces por la fe puede ser libre de toda influencia, opresión, y enfermedad maligna en su vida. Usted debe creer por fe y recibir su milagro en el nombre de Cristo. Pero necesitamos humillarnos y reconocer que necesitamos aumentar nuestra fe, para recibir grandes cosas, incluyendo nuestra sanidad en Cristo Jesús.

Fe es madurez y entrega con pasión a Jesús. *1 Juan 5,4: "Porque todo lo que es nacido de Dios vence al mundo".* "Y esta es la victoria que ha vencido al mundo". ("Y esta es la victoria que ha vencido al mundo - Rey de Reyes") Nuestra fe. ¿Cuáles son las victorias que se vencen por medio de la fe? Las pruebas, las finanzas, las tormentas, las enfermedades, los problemas, etc. Y por la fe, tienes la autoridad de reclamar tu libertad en todas las áreas de tu vida.

Cristo es suficiente para sanar, para amar y para darnos todo en la vida. Ten fe, hoy puede ser el día en que Cristo responda el milagro que tanto le has pedido. Nuestra fe está basada por Jesucristo, para recibir lo que Dios nos quiere dar.

La roca es el fundamento donde estamos parados. Para que nuestra fe no esté fundada en la sabiduría de los hombres, sino en el poder de Dios, la fe es el fundamento principal. La fe es el fundamento como piedra viva aceptable a Dios.

A veces las transformaciones duelen porque la fe está basada por Jesús, pero una vez cambiados nos damos cuenta de que el proceso era necesario, porque nos enseña a que tenemos que morir para nacer de nuevo y depender de Dios. La fe es el fundamento para impulsarte hacia adelante para tu victoria. A veces pedimos a Jesús que cambie nuestra situación sin saber que Él nos puso en esa situación, en esa tormenta para cambiarnos y saber que Jesús es el fundamento de la fe.

La santidad llegará cuando nos limpiemos de toda contaminación de la carne. Perfeccionado la santidad en el temor de Dios es cuando Cristo nos da la victoria para ser sanado de nuestro cuerpo y del alma. Por fe la sanidad llegará a tu vida, pero tienes que dejar todo lo que contamina tu carne, que viene siendo el pecado. Si dejas todo en las manos de Dios, créelo, por fe la sanidad llegará.

Por fe la sanidad llegará a tu vida. Mira lo que te dice el Dios Todopoderoso, viene tu recompensa, tu milagro, tu victoria, tu bendición. Grandes son las pruebas que te han tocado atravesar. Fuertes han sido las tempestades, pero estás a punto de ver tu milagro, tu victoria y tu bendición. No te rindas, ten fe de que vas a lograr todo. Cuando crees en Cristo todo es posible. *San Lucas 1,37: "Porque nada hay imposible para Dios. Recuerda que por tu fe Jesús sanará de cualquier problema. Porque no ha existido, ni existe, ni existirá alguien que te ame más que Jesús".* ¡Aleluya!

Por ejemplo, si no tienes fe que Jesús te sacará del problema o te sanará, entonces también la fe es muerta. Así también la fe se entristece si no tienes obras. Es muerta en sí misma. Jesús nos enseña que la fe sin obras es muerta. Abrahán, Moisés, Noé, Isaac, Rahab y otros más fueron hombres de fe que creyeron en Dios. ¿No ves que la fe actúa juntamente con sus obras y que la fe se perfeccionó por las obras? Porque como el cuerpo sin espíritu está muerto. Así también la fe sin obras está muerta. Jesús nos habla a través de su palabra. *Hebreos 11,6: "Pero sin fe es imposible agradar a Dios. Porque es necesario que el que se acerca a Dios crea que le hay. Y que es galardonador de los que buscan".* ("Hebreos 11,6 RVR1960 -Pero sin fe es imposible agradar a- Bible Gateway").

Fe es creer y obedecer, la fe está fundada a lo que creemos, la fe viene de Jesús. La fe camina a través de Jesús. La fe es no ver y creer. La fe sin obras es muerta, porque por fe andamos, no por vista. Amén.

Porque la fe sin obras es muerta. Si no tenemos fe en nosotros mismos, no tenemos esperanza de nada. Tenemos que creer y crecer en la fe orando y ayunando, buscando la presencia del espíritu santo. Para que fortalezca tu fe por medio de la palabra de Dios. *Jeremías 33,3 nos dice: "Clama a mí y yo te responderé y te enseñaré cosas grandes y ocultas que tú no conoces".*

Pero pida con fe, no dudando nada. Dice la biblia: "porque el que duda es semejante a la onda del mar. ("Santiago 1,6: "Pero que pida con fe, sin dudar; porque el que duda es…")

Con Jesús está tu victoria.

¡Aleluya!

Orar con fe es pedir, rogar, suplicar a Dios. Ora con fe en todo tiempo de la aflicción. Orando en todo tiempo y orar con fe dice el señor Jesús. Sobre todo, tomar el escudo de la fe. Ora con fe y con pasión para que sea contestada tu petición delante de Cristo. La oración eficaz del justo puede mucho. Igual como Moisés oró con fe en presencia de Jehová su Dios.

La palabra de Dios dice que hay que dar gracias en todo tiempo y en todo momento. Por lo que tú estás pasando no es el motivo para que te rindas. Sigue luchando, levántate con fuerzas. Sigue confiando en Jesús. Sigue orando con fe. Sigue creyendo con paz, con gozo y con alegría. Con felicidad en tu corazón que pronto verás la gloria de Jehová cayendo sobre tu vida. Cuando eso pase, no se te olvide darle gracias a Dios. Su palabra dice, *1 Tesalonicenses 5,18: "Dad gracias en todo. Porque esta es la voluntad de Dios para con vosotros en Cristo Jesús".* *("1 Tesalonicenses 5,16-24 – Bible Gateway").*

Dios nos habla a través de su palabra… *Santiago 5,13, 14, 15: "¿Esta alguno entre vosotros afligido? Haga oración. ¿Esta alguno alegre? Cante alabanzas. ¿Esta alguno enfermo entre vosotros? Llame a los ancianos de la iglesia y oren por él. Ungiéndolo con aceite en el nombre del señor. ("Santiago 5,14 -Bible Gateway") Y la oración de fe salvará al enfermo y el Señor lo levantará.*

¡Aleluya! Amén.

CAPÍTULO II

La fe abre la puerta a la promesa que Jesucristo tiene para nosotros

Cuando hay fe nada será imposible para Dios. Lo que es imposible para los hombres, es posible para Cristo. Dice su palabra que, si tuvieras fe como un grano de mostaza, dirías a este monte, pásate de aquí allá. Y se moverá. Esa es la fe poderosa que debes tener en tu corazón y en tu vida. La fe mueve toda clase de problemas. No importa que los problemas sean chicos o grandes en tu vida o en tu familia. Nada más créelo en tu corazón y confía en Cristo.

Nunca te rindas ante la presencia de Cristo, nunca dejes de intentarlo, nunca dejes de tener fe. Pero sobre todo nunca olvides que tienes a un Dios grande y poderoso. A veces no sabemos por qué satanás nos ataca tanto Es porque satanás sabe que lo que Jesucristo hará contigo será maravilloso, poderoso y victorioso.

Cuando Cristo te quiere dar la victoria lo hace, cuando Cristo determina bendecirte nadie lo puede detener. Ora con fe y con fortaleza. Ora con ánimo. Ora creyendo que lo que pediste ya se cumplió. Jesús nos habla; ¿No te he dicho que, si crees verás la Gloria de Dios?

No importa cuánto te han lastimado. Perdona porque el perdón sana el corazón y las heridas profundas. El perdón restaura el alma y el corazón. El perdón vivifica. El perdón te hará libre de todas ligaduras. Rompe las cadenas que has traído por mucho tiempo. Es difícil perdonar a las personas, pero es fácil hacerlo con la ayuda de

Jesús, porque se siente una paz interior en el corazón. *San Mateo 18,22: "Jesús le dijo; No te digo hasta siete. Sino aun hasta setenta veces siete".* Jesús está dispuesto a ayudarte para que te sanes de toda clase de enfermedades. Solo tienes que hacerlo de corazón.

Por fe la sanidad es tuya. Créelo y la recibirás en el nombre de Jesús de Nazaret. La fe y la confianza está en Jehová de los ejércitos.

¡Aleluya! ¡Amén! Gloria a Dios…

Efesios 2,8: "Porque por gracia soy salvo por medio de la fe, y esto no es de nosotros, pues es don de Dios. No por obras. Para que nadie se gloríe". Soy salvo a través de todos los problemas. Soy salvo de la finanza, soy salvo de la enfermedad, soy salvo de la tormenta por medio de la fe en Cristo.

Espera tu victoria con fe, con ganas y con gozo. No es tiempo de retroceder hacia atrás. Lánzate al campo de batalla. Es hora de que pelees por tu bendición.

La fe es creer lo que no ves y el resultado de esa fe es ver lo que crees. Así es como crecemos espiritualmente por medio de la fe.

Los maravillosos milagros empiezan a suceder cuando la fe está en ti. Nunca detengas tu relación con Dios a causa de una tormenta. Jesús ha sido fiel en la necesidad, en la enfermedad y en todas las áreas de tu vida. Siempre ha sido fiel y nunca cambia. Su fidelidad es incomparable y grande. Su misericordia es inmensa. Deja que el poder de Jesús te levante con poder y con fortaleza. Que te llene de su presencia, te restaure y que su misericordia te permita vivir por medio de la fe.

La sanidad divina es una bendición muy especial de Jesús. Para todos los que creen en Jesús, no hay enfermedad que Él no pueda sanar. La biblia dice que la oración de fe sana al enfermo. No importa que la enfermedad sea incurable, por ejemplo: sida, diabetes, asma, cáncer, depresión, artritis, etc., Jesús puede sanar con solo creer en Jesús y vivir para él, y hacer la oración de fe. Cuando hay fe en Jesús todo es posible si tú lo crees. Entrégale tu corazón a Jesús y tendrás salvación del alma y sanidad del cuerpo. Solo Jesús salva y sana, porque la oración del justo tiene poder.

Amén. ¡Aleluya!

"Gloria a Dios".

Dice su palabra que había dos ciegos de nacimiento. Escucharon a Jesús y ellos dando voces y diciendo: "Ten misericordia de nosotros. ¡Hijo de David!" Ellos sabían que Dios hace milagros a través de la fe. También dice su palabra que cuando llegaron a la casa vinieron a Él los ciegos y dijeron así: "Señor". Entonces Jesús les tocó los ojos diciendo: "conforme a nuestra fe te sea hecho". Así es como los dos ciegos pudieron ver, porque ellos sabían que Dios hace milagros a través de la fe.

A veces la vida es difícil, pero cuando nos acercamos más a Jesús, la vida se nos hace más fácil. La fe es el fundamento de nuestra vida para seguir adelante con esperanza y lograr el propósito. Por eso no tenemos que perder la fe en nosotros mismos. Su palabra dice… *Hebreos 13,8: "Jesucristo es el mismo ayer y hoy, y por los siglos".*

Dios hace milagros a través de la fe, como por ejemplo; sanando y restaurando hogares. Transformando vidas, transformando matrimonios, transformando a sus hijos y a sus padres. Abriendo puertas, haciendo lo imposible, posible. Así es como la fe trabaja hacia nosotros. Jesucristo nunca te ha dejado de amar. Por lo tanto, vuelve hacia Jesús, entrégale tu corazón. Cristo es amor, paz, gozo, alegría, felicidad, paciencia, fe, templanza. Y eso es un gran privilegio para nosotros, el gozo del Señor es nuestra fortaleza y es nuestra fe. Seguir caminando entre las luchas, las pruebas y en los problemas. Pero más importante es que Jesús está con nosotros siempre, hasta su venida. Gloría a Dios. Jesús es la respuesta… Jesús es la salvación… Jesús es el refugio… Jesús es la roca… Siempre sin perder la fe en Jesús. El, es el camino hacia todo.

Entre más fe tienes y obedeces la palabra de Dios, más cambias. Eso se llama crecimiento espiritual. El crecimiento espiritual tiene que perseverar hasta el final. Si tu fe está fundada en la arena, tu fe no crecerá. Dice la biblia que un hombre insensato edificó su casa sobre la arena. Descendió lluvia, vinieron ríos, soplaron vientos y dieron con ímpetu contra aquella casa y cayó, y fue grande su ruina. Como esa casa hay algunos que no tenemos fundamento espiritual, no tenemos fe y no hay crecimiento. Dice la biblia, que un hombre prudente edificó su casa sobre la roca. Descendió lluvia, vinieron ríos, soplaron vientos y golpearon contra aquella casa y no cayó. Porque estaba fundada sobre la roca. Así es el crecimiento espiritual por medio de la fe. Solo el cual resiste en la fe, sabiendo que los mismos padecimientos se van cumpliendo a través del crecimiento espiritual.

Fortalece tu fe por medio de los problemas. Crecimiento Espiritual es confiar en Jesús por medio de la fe. Adora a Jesús en medio de tu momento difícil, porque pronto la mano del señor Jesús se moverá a tu favor y todos verán cuán grande es Jesús. Por ejemplo, piensa que un paraguas no puede detener la lluvia, pero nos ayuda a estar debajo de la tormenta, allí es cuando encontraremos la sabiduría necesaria para experimentar una vida de fe victoriosa, delante de todos los desafíos que el mundo nos puede traer. Y la fe es viva, es real. Aunque vengan vientos y tempestades a tu vida. Aunque la Tierra se estremezca, Cristo no te dejará caer. Sigue luchando, sigue confiando, sigue creyendo y Cristo hará lo demás. Así como del tamaño de tu fe, así serán tus victorias y tus bendiciones.

La fe que mueve la mano de Dios. Ten fe, espera con paciencia. Los milagros suceden cuando menos lo esperas. Así trabaja la fe por medio del crecimiento espiritual.

Cristo nos ama a través de su bendita palabra, a través de sus victorias, a través de sus promesas, a través de sus bendiciones, a través de sus misericordias, a través del Espíritu Santo, a través de sus milagros. Su fidelidad y su amor es infinito. Por su gracia el señor Jesús te ama con un amor que no tiene fin y sus planes se van a cumplir en tu vida, en toda tu familia. Con Jesús está tu victoria.

Habacuc 2,4: "Mas el justo por su fe vivirá". No importa cuán profunda ha sido tu caída, Cristo siempre te dará una salida para la victoria, solo cree, ten fe en Dios. Permítele a Jesús que entre a tu corazón para que sanes, para que arranque toda raíz de amargura que ha sido plantado en lo profundo de tu corazón y recibas tu sanidad por medio de la fe en este hermoso día en el nombre de Jesús.

Tu fe en Jesucristo te sostendrá en tiempos difíciles, porque el crecimiento espiritual es por medio de la fe. Te hace más fuerte en tu vida espiritual.

Si te sientes sin fuerzas, sin ánimo, sin fe, recuerden que el Espíritu Santo nos da fuerza. *Isaías 40,31: "Pero los que esperan en Jehová tendrán nuevas fuerzas. Levantarán alas como las águilas.*

Correrán y no se fatigarán". Es su poder el que nos fortalece nuestra fe y nos lleva a madurar cada día en nuestro carácter, por medio de pruebas espirituales o físicas, que Jesús permite para que podamos crecer por medio de su palabra.

Tienes que orar con pasión, con fe, porque para pasar del desierto tenemos que aferrarnos a la fe espiritual si queremos ganar la carrera. Como dijo el Apóstol Pablo, la carrera no la gana el que comienza, sino el que llega al final. No dejes que otros te quiten tu victoria. Tú vales por lo que Jesús ha hecho en ti, no por lo que otros piensen de ti. Tu fe está fundada en la roca, porque todo lo que tienes se lo debes a Cristo. Todo lo que tienes es gracias al amor de Cristo. Tu vida está en manos de Dios. Hallaste gracia y favor antes sus ojos. Gracias por esa fe poderosa en nuestra vida.

A veces la vida es difícil, pero cuando nos acercamos más a Dios la vida se nos hace más fácil. La fe es el fundamento de nuestra vida para seguir adelante con esperanza y lograr el propósito. Por eso no tenemos que perder la fe en nosotros. Sin perder la fe vamos a lograr la victoria. Para crecer en la vida espiritual tenemos que pasar por grandes tribulaciones. Ahora te duele esa prueba que tienes, ahorita sentirás morir, creerás que ya no hay fe en ti. *Hebreos 11,6: "Pero sin fe es imposible agradar a Dios"*. Pero tranquilo, cuando esta tribulación pase en tu vida, serás más fortalecido en la fe victoriosa, te sentirás más fuerte. Cristo siempre tiene el control de todo, te sentirás con una paz interior en tu corazón. Entonces sentirás que la adoración es vivir una vida agradable, humillado ante la presencia gloriosa de Jehová, tu Dios.

La fe en Cristo es la que da al hombre esperanza cuando no hay esperanza. La oración y el ayuno es el secreto de las grandes victorias. Orar te abrirá puertas que ni siquiera sabías que existían.

Jesucristo, escucha nuestra oración. *1 Reyes 9,3: "Yo he oído tu oración y tu ruego que has hecho en mi presencia"*. No es que sea fácil ser cristiano. La verdad es muy difícil estar en el camino angosto, pero mucho más difícil es la vida sin Jesús. Así como hay cristianos que se quedan a medio camino del desierto, porque su lámpara no la quisieron llenar de aceite, o sea, seguir con la fe. Jesús te dice hoy: "He oído tu oración, he visto tu ayuno, he visto tus lágrimas" y te dice:

"Levántate, tu respuesta viene en camino". Para que estas bendiciones sucedan tienes que dejar que Dios entre a tu corazón, para que sane las heridas que el mundo te dejó y verás la Gloria de Dios en tu vida.

Cualquier aflicción tenemos que alzar nuestros ojos al cielo. *Salmos 121,1: "Alzaré mis ojos a los montes. "De dónde vendrá mi socorro? Mi socorro viene de Jehová que hizo los cielos y la tierra.*

Si tú estás pidiéndole a Dios por un milagro, espera, porque Cristo hace milagros a través de la fe. Los milagros suceden en el momento menos pensado. Ten fe, ten paciencia de paz, pues Dios tiene algo grande y maravilloso para ti, nada más cree.

A veces por seguir a Cristo seguimos a la gente, a los ídolos, por la desesperación, porque no encuentran la salida o la entrada. Porque no vemos resultado pronto en Jesucristo y la fe nos falla. Sigue a Jesús con Jesús, verás tu victoria. No sigas creyendo en los ídolos, ni en las personas. Las personas fallan, tus ídolos fallan, la familia falla. Jesús nunca fallará, él es fiel. Tenemos que tener confianza en Dios. *Efesios 3,12: "En quien tenemos seguridad y acceso con confianza por medio de la fe en él".*

Antes de ver los problemas, decide ver la Gloria de Dios en tu casa, porque si eres fiel a Cristo, él te dará la victoria.

La fe es el fundamento de nuestra vida para seguir adelante con esperanza y lograr el propósito. Todo sueño, todo existo viene de Dios, porque cuando nosotros nos acercamos a Jesucristo, por la fe, es cuando tenemos la victoria y la bendición, el éxito y el milagro.

Por medio de la fe muchos son llamados por el Espíritu Santo, pero muchos querrán destruir tu llamado por el Espíritu Santo, pero recuerda que no son los hombres los que te han escogido, es tu fe a través de Jesús. Jesucristo utiliza siervos con fe. Humilde para llevar grandes obras en su viña del señor. Nunca renuncies a lo que Dios te entregó, por cualquier dardo que el enemigo haya lanzado a tu vida. Ten fe y toma fuerza y fortaleza en las manos de Dios y verás su Gloria y su poder en tu vida.

Jesucristo es el mismo ayer y hoy y por los siglos. Sigue sanando enfermos, restaurando hogares, transformando vidas, transformando matrimonios, abriendo puertas, haciendo lo imposible posible. Así es la fe.

Jesús nos ama mucho y nos dice: "Mujer quién la hallará". No hay mujer más inteligente que la que sabe adorar a Dios. No hay mujer más bella que la que tiene a Jesús en su corazón. No hay mujer más fuerte que la que confía en Jesús. No hay mujer más admirable que la que tiene humildad. Mujer con fe, mujer con fortaleza. No hay mujer con gozo en su vida que no dependa siempre de Jesús. *Proverbios 31,10: "Mujer virtuosa. ¿Quién la hallará? Porque su estima sobrepasa largamente a la de las piedras preciosas".*

La fe no tiene límites, solo hace falta creer y crecer en la fe. Sigue creyendo en Jesús, sigue orando y ayunando, sigue estudiando la Biblia, sigue luchando, sigue confiando y teniendo fe. Jesucristo hará el resto. Porque sin fe es imposible agradar a Dios. *Hebreos.11,6: "Pero sin fe es imposible agradar a Dios. Porque es necesario que el que se acerca a Dios crea que le hay. Y que es galardonador de los que le buscan, en espíritu y en verdad".*

Los niños que aprenden a orar desde pequeños podrán desarrollar una vida de oración poderosa con fe y efectividad. *Proverbios.22,6: "Instruye al niño en su camino y aun cuando fuere viejo, no se apartará de él".*

Recuerda, no somos nadie sin el amor de Cristo. No importa lo que esté sucediendo en tu vida ahora. Todo cristiano necesita desarrollar una fe eficaz y viva en nosotros. La peor derrota de un cristiano es cuando pierde su fe. Dios está allí contigo, aunque no lo veas.

La única arma de Cristo es la fe, que penetra hasta lo más profundo de tu corazón. Como dice su palabra en *Hebreos 4,12: "Porque la palabra de Dios es viva y eficaz, y más cortante que toda espada de 2 filos. Y penetra hasta partir el alma y el espíritu. Las coyunturas y los tuétanos. Y discierne los pensamientos y las intenciones del corazón".* La fe no es lo que tú quieres lograr. Es lo que Cristo quiere lograr en ti. Cuando tú pones toda tu fe en Cristo, él pone todas las bendiciones en ti. La victoria del señor Jesucristo es la que enriquece y no añade tristeza en tu corazón y en tu vida. Aunque todos te critiquen, nunca dejes de hacer lo correcto para Cristo. Ten fe y tus ojos verán cómo Jesús transforma a tu familia.

Si sientes que te estás ahogando de tantos problemas y si sientes que no puedes salir del desierto, confía en Cristo *y ten* fe. Él te sacará y te pondrá en lugar seguro donde vas a sentir paz. A veces sentimos que nos estamos ahogando y que no podemos salir del pozo de desesperación. *Salmos 40,1-2: "Pacientemente esperé a Jehová y se inclinó a mí. Y oyó mi clamor y me hizo sacar del pozo de la desesperación. Del lodo, cenagoso".* Es tiempo de levantar el escudo de la fe. *Efesios 6,16: "Sobre todo tomad el escudo de la fe con que podáis apagar todos los dardos de fuego del maligno".* Hoy Dios te dice: "conozco tus preocupaciones y tus sufrimientos y sé qué dolor profundo tienes en tu vida. No tengas miedo de los problemas que estás pasando, solo es una tormenta y no será eterna". Permanece fiel al señor y él te dará la victoria. Nunca dudes del poder de Dios para rescatarte de tu situación imposible. Todos los que confían en Jehová son como el monte de Sion. (Salmo 125: "Los que confían en Jehová son como el Monte de Sion") Que no se mueve, sino que permanece para siempre.

Tenemos que tener fe sea cual sea la dificultad que hoy está enfrentando. Jesús está contigo. Jesucristo es como el oxígeno, que no lo vemos, pero sentimos su presencia en nosotros. Aunque el camino sea duro, largo y difícil para ti, nunca dejes de tener fe, confía en Dios, vive cada día con la certeza que Jesucristo está contigo. Olvídate de las tormentas, el tiempo de Cristo es perfecto y él te dará lo que tú anhelas cuando estés preparado para recibirlo.

Mantente sobre la roca, que es Cristo. Perderé 1000 batallas, pero jamás perderé mi fe en Cristo Jesús. Fe es agradecer a Cristo por los milagros que aún no has visto, eso es tener fe en Jesús. Si te pones a orar, recuerda, la oración es lo que le da a Cristo acceso para obrar en tu vida. No temas por tus finanzas, no temas por tu enfermedad, no temas por nada. Nada más mantente firme en tu fe y verás cómo el eterno Dios todopoderoso te dará la victoria, porque vamos en victoria.

La fe es por el oír y el oír por la palabra de Dios. La fe que hace milagros por medio de Dios, será llevada a desarrollar su fe y su crecimiento espiritual a través de una fe que fortalecerá tu vida. El espíritu Santo pondrá en ti las bases para que recibas una fe poderosa, invencible en ti. Cristo te conducirá a un nivel extraordinario. Valor y confianza en Jesús.

La escritura nos dice en *Salmos 37,4: "Deléitate asimismo en Jehová y él te concederá las peticiones de tu corazón"*. También nos dice en *Hebreos 12,2: "Puesto los ojos en Jesús, el autor y consumador de la fe"*. Sin perder la fe verdadera que mueve la mano poderosa de Dios a nuestro favor, está centrada en Cristo y de allí fluye ríos de agua viva para fortalecer el espíritu y áreas de nuestras vidas. Es su poder el que fortalece nuestra fe y nos lleva a madurar cada minuto de cada día en nuestro corazón y en nuestro carácter por medio de luchas, tormentas, problemas, pruebas espirituales o físicas en tu vida.

La fe, poderosa, victoriosa, mira más allá de las circunstancias, de las pruebas y se aferra a lo que sucederá en tu vida. Cuando es aplicada confiadamente en la palabra de Dios, esta fe es hermosa, poderosa y grande en victoria. Este tipo de fe no titubea por las apariencias contrarias a lo que vemos, sino que mira por la fe de lo que no vemos en el mundo espiritual. Sin perder la fe en Jesús, porque esta fe no se basa en las derrotas aparentes, cuando parece que todo irá a desmoronarse. Si no cree y confiesa la victoria, aunque no la ve en el mundo físico. Tienes que creer que ya está hecho en tu vida espiritual. Adelante, sin perder la fe.

Las mejores bendiciones, hermosas lindas de la vida, es cuando la persona tiene fe. No sigas sin fe, porque sin fe nada funcionará. fe es una palabra pequeña, pero con un gran poder. La fe es el fundamento, porque nadie puede poner otro fundamento que el que está puesto, el cual es Jesucristo. El corazón quebrantado es el principal instrumento de un adorador en espíritu y en verdad.

2 Corintios 5,7: "Porque por fe andamos. No por vista". No necesito un amuleto o un ídolo para creer en Cristo. Una fe correcta no se basa en lo que vemos, recuerda que la Biblia dice: "Pues vivimos por lo que creemos y no por lo que vemos". Jesús animaba a los discípulos a tener fe. Así también Jesús nos dice a nosotros, exhortándonos a que permanezcamos en la fe. Diciéndonos que es necesario que a través de muchas tribulaciones entremos en el Reino de Dios.

Jesucristo es espíritu y los que le adoran en espíritu y en verdad es necesario que lo adoren. Cuando le pides al Espíritu Santo que resuelva tus preocupaciones, él es un caballero, te escucha. La presencia del Espíritu Santo empieza a trabajar en los problemas de tu vida, como por ejemplo: deudas, enfermedades, finanzas, divorcios, trabajos en tu familia, etc. El Espíritu Santo coloca paz en tu corazón. Búscalo en espíritu y en verdad. Ten fe y tus ojos verán cómo Dios transformará todos los problemas en bendiciones. También transformará los problemas en grandes victorias, porque Cristo es fiel.

Jesús nos dice: "yo quitaré el dolor de tu corazón cuando hayas entendido que debes buscarme solo a mí para que seas feliz en tu vida". No importa cuán grande es la montaña de problemas, la fe mueve montañas. Jesús es el mismo, Jesús nunca ha cambiado. *Hebreos 13,8: "Jesucristo es el mismo ayer y hoy y por los siglos".* Cristo sigue sanando enfermos, restaurando hogares, transformando vidas, quitando adicciones, abriendo puertas, proveyendo necesidades, haciendo lo imposible posible. *Los apóstoles le dijeron a Jesús "Auméntanos la fe", entonces Jesús les dijo: "Si tuvieran fe como un grano de mostaza, podrían decir a este sycamore. Desarráigate y Plántate en el mar y lo obedecería". San Lucas 17,5-6.*

CAPÍTULO III

Jesucristo no te pide que lo entiendas. Te pide que confíes en él y tengas fe en él

A veces es difícil tener fe, porque los resultados tardan en llegar. Porque la respuesta llega luego a tu vida, pero la fe es como el proceso. Cuando Jesús te está transformando, como el barro en la mano del alfarero, así trabaja el señor Jesús, hasta que tu fe aumente, hará que cese la tormenta, los problemas, la enfermedad y te dará gozo y tranquilidad. Jesús a veces nos quebranta para que tu fe crezca en ti. Te transforma poco a poco, aunque el proceso te hace llorar, sufrir. Porque también quiere que pases por el fuego para quebrantarte y depender de esa fe fortalecida en nosotros. La fe depende de ti mismo, no de otras personas. Como dice la escritura, *1 Timoteo 6,12: "Pelea la buena batalla de la fe"*. El proceso será difícil, pero Jesús no te dejará, en milagro la victoria existe en tu fe.

Perdona y ora por quién te lastimó, no contamines tu corazón con rencor y odio. Las promesas del señor es la sanidad de tu corazón. Permítele al Espíritu Santo que arranque todo a raíz de amargura, rencor, odio, etc., que han sido plantadas en lo profundo de tu corazón y recibe tu sanidad en este día en el nombre de Jesús.

¡Aleluya! Amén.

La peor derrota de un cristiano es cuando se sale de la iglesia cristiana y pierde su fe. A veces tiran la toalla al piso, Cristo la toma y la coloca en nuestras manos y te dice: "no olvides que esta lucha es de los 2. Recuerda, yo soy el que borra tu pasado, restaura tu presente y bendice tu futuro". La palabra nos dice: "Porque no nos ha dado Dios espíritu de cobardía, sino de poder, de amor y de dominio propio para seguir adelante sin desmayar.

"Que no te detenga lo que otros piensan de ti". ("Que no te detenga lo que otros piensan de ti... cuando sabes que eres ...") Cuando sabes que eres especial en las manos de Dios. Tal vez hoy estás llorando por lo que otros piensan de ti, pero lo que viene para ti es algo valioso, es bendición, nada más créelo y ten fe. Será un día bendecido. glorioso, victorioso. Aunque vengan tormentas, no hay nadie que te lo pueda arrebatar. Jesús te lo reservo para ti, la fe está basada por Cristo. Ponte a orar, la oración pone al diablo a temblar, la alabanza confunde al diablo. La integridad calla al diablo. La fe al diablo lo debilita y la obediencia al diablo lo paraliza. Cristo quiere que crezcamos en su fe y creer en su palabra. Jesús te ayuda a pasar por el problema para salir victorioso.

¡Aleluya!

No esperes que vengan las tormentas para clamar a Jesucristo. Búscalo siempre como un valiente guerrero. Crece en la vida espiritual. Cuando estés atravesando tormentas y tiempos difíciles, tu lámpara estará lista para resistir. Insiste y persiste y su victoria es todo lo puedo en Cristo que me fortalece. No han sido tus fuerzas las que te han mantenido de pie, es la misericordia de Cristo la que te mantiene de pie. Cuando tú oras con fe, Cristo te escucha y cuando tú crees en él, Cristo trabaja en ti. Siempre recibirás bendiciones y victorias de Dios.

La tormenta que fue enviada para destruirte es la misma que Jesús usará para fortalecerte y mostrar su Gloria en tu enfermedad, en tu vida y no nada más en tu vida, también en los seres que amas. Dice la Biblia que había una mujer que padecía de flujo de sangre, que tenía 12 años de esa enfermedad, pero la mujer tuvo fe y sanó al instante. Había sanado la mujer, así también te puede sanar a ti. No importa qué enfermedad tengas. Para los hombres es todo imposible, para Jesucristo no hay nada imposible. Todo es posible.

Gloria a Dios.

Si te enfocas en la herida, continuarás sufriendo, pero si te enfocas en tu fe, continuarás aprendiendo. "No temas porque yo estoy contigo, no desmayes porque yo soy tu Dios, que te esfuerzo. Siempre te ayudaré, siempre te sustentaré con la diestra de mi justicia", dice el señor. Sigue adelante apoyándote en la fe. Dale gracias a Jehová cuando tus heridas sanen. Dar a Jehová la Gloria debida a su nombre. Adorar a Jehová en una hermosura de la sanación.

El doctor te ha dicho, ya no hay nada que hacer, no hay solución a tu problema. Recuerda, Jesús es el doctor de doctores. Pelea la buena batalla de la fe. Con Cristo todo es posible. Solo Cristo tiene la última palabra, *ten* fe. Dice en *Isaías 52,5: "Y por su llaga fuimos nosotros curados. Por fe que la sanidad llegará"*.

¡Aleluya!

CAPÍTULO IV

Estudia la Biblia para que tu fe no esté fundada en sabiduría de hombre, sino en el poder de Jesús

No te rindas jamás con cualquier problema, no temas porque Dios está contigo. Dios te dice: "no desmayes, porque yo soy tu Dios que te esfuerzo, siempre te sustentaré con la diestra de mi justicia". Cuando Dios habla es para fortalecernos a través de su bendita palabra, lo que hoy es tu problema mañana será un gran testimonio glorioso. Dándole gracias a Dios solo mantén tu fe firme siempre en ti. Jesús hace milagros a través de la fe.

Si pones tu mirada Y tu fe en Jesús, Podrás subir muy alto por medio de la fe. Porque tu fe es el gozo del señor Jesús, es tu fortaleza. ¿P es adelantarse a la victoria? Siempre guarda tu corazón para amar y honrar a Jesús, para que tengas éxito en todo. Dice su palabra por medio de la fe. Algún día verán tus ojos las peticiones que le pediste de rodillas y en ayuno ante la presencia del señor Todopoderoso. Por eso siempre le tenemos que dar gracias al Espíritu Santo, por su gran amor infinito.

Las batallas de la vida son continuas y no las gana el más fuerte, sino el que busca la presencia de Cristo, sin dudar, sabiendo que es Cristo quien da la victoria. Dios siempre estará contigo, porque no hay amor tan grande, sublime y perfecto como el amor de Cristo.

A veces es por enfermedades que nos queremos rendir, que ya no aguantamos, nos sentimos débiles, sin fuerzas, sin ánimos para seguir luchando con esa enfermedad. Pero siempre hay una esperanza en nuestra vida, una luz invisible, poderosa, en nosotros. Tenemos que tener ese anhelo en el corazón, como el de Job que todo lo soportó, que tuvo fe, que confió, que tuvo paciencia, no dudó de Dios y no desistió. Confía en el señor de todo corazón y no en tu propia inteligencia. Reconócelo en todos tus caminos y él llenará tus sendas. Mantén firme tu fe. No pierdas la esperanza, Jesús va a bendecirte en abundancia.

¡Aleluya, aleluya!

Quizás no seas elegido por el mundo o por tu propia familia, pero eres elegido por un Dios poderoso y eso es lo que cuenta. Dice en *Romanos 8,37: "Somos más que vencedores por medio de aquel que nos amó"*. Serás fortalecido, te levantarás, lucharás en el nombre de Jesús. Serás de gran bendición para todos. Aférrate a sus promesas, sus milagros y tu fe. A sus victorias, dile: "gracias, Dios por tu misericordia". Jesús nunca ha perdido, ni perderá, una batalla porque de él es la victoria. Aunque no seas elegido por la gente, sigue adelante luchando, porque no nos ha dado Dios espíritu de cobardía, sino de poder, de amor y de dominio propio.

Si has caído de la gracia de Cristo, Jesús nunca te ha dejado de amar, por lo tanto, vuelve a Jesucristo. Cristo es amor, paz, gozo, felicidad y eso es un gran privilegio para nosotros. El gozo del señor es nuestra fortaleza para tu alma. Es nuestra fe para todos los que en él creen, para seguir caminando en las luchas y en las pruebas.

No lo olvides, iglesia de Cristo, cuando sientas que ya no puedas continuar de pie, arrodíllate ante la presencia de Dios y ora. No importa lo que estés pasando, nunca Jesús te dejará. He aquí, yo estoy con vosotros todos los días de tu vida. ("Estoy con vosotros todos los días hasta el fin del mundo -Lion of Judah"). No existe la derrota para la iglesia, que está fundada en la roca y para quien pone su confianza en Cristo. Recuerda, la palabra de Dios tiene poder, Iglesia. Cuando vengan momentos difíciles a la Iglesia, recuerda que *Cristo no te dio un espíritu de cobardía, sino de poder, de amor y de dominio propio, 2 Timoteo 1,7:* Iglesia de Cristo. La fe nos trae bendiciones nuevas cada día de nuestras vidas.

La fe es la confianza de que en verdad sucederá lo que esperamos. Es lo que nos da la certeza de las cosas que no podemos ver. La fe ve lo invisible, cree lo increíble y recibe lo imposible. La fe no es creer que Jesús puede, es saber que Jesús lo hará. Amén.

Gloria a Dios. ¡Aleluya!

No importa cuán profunda ha sido tu caída, el lugar más seguro es estar en la presencia de Cristo. Clama a Jehová, él es tu salida. Los ojos de Jehová están sobre los justos y atentos sus oídos al clamor de ellos, dice Jehová de los ejércitos. Solo cree, ten fe. "Levántate", dice Jehová, "he escuchado tus oraciones. Pronto verás el fruto de tus oraciones". Todo el que ora a Cristo con fe, tendrá el poder para mover grandes montañas de problemas. Dice su palabra, *Jeremías 33,3: "Clama a mí y yo te responderé, y te enseñaré cosas grandes y ocultas que tú no conoces"*. En medio del dolor y la dificultad Jehová no te abandonará, porque no lo viste, pero lo creíste por medio de su fe. Siempre tu fe tranquiliza tu vida. Jehová va a calmar la tempestad en tu vida. Ora, ayuna, estudia la biblia, confía en Jehová y Cristo te dará la victoria.

La fe te asegura que todo va a suceder en el tiempo de Jesús. Los caminos más difíciles, dan las mejores recompensas.

Si quieres ver la gloria de Dios y su poder, solo da un paso de fe. "No temas, porque yo estoy contigo", dice el señor. Jesús te escogió para cosas grandes. Primero vas a pasar por un proceso para que seas un vaso nuevo, transformado. En cada transformación vas a pasar por el fuego y te va a hacer llorar. Son las bases de tu gran victoria y de bendición. Después vas a adorar a Jesús en la hermosura de la santidad.

¡Aleluya!

Cuando no encuentres la salida, cuando tu camino es difícil, entra a tu recámara y estudia la Biblia, ponte a orar. *Mateo 6,6: "Más tú cuando ores, entra en tu aposento y cerrada la puerta, ora a tu padre, que está en secreto. Y tu padre, que ve en lo secreto, te recompensará en público"*. Cuando termines de orar encontrarás la respuesta que necesitas.

Si piensas que todo está perdido, Cristo te quiere llevar a la victoria. Hay muchos que quieren verte derrotado, pero Cristo te quiere llevar de victoria en victoria, de bendición en bendición. El enemigo no quiere que trabajes el don que Jesús te regalo. El don que Jesús te dio para que lo trabajes puedes traer alma a Cristo, pero si pones tu mirada, tu fe, en la roca que es tu fortaleza seguirás adelante. Siempre guarda tu limpio corazón para amar y honrar a Jesús, para que tengas éxito en el don para trabajar en la viña del señor.

La única arma de Cristo es la fe que penetra hasta lo más profundo de tu corazón. La fe no es lo que tú quieres lograr, es lo que Cristo quiere lograr en ti. La bendición, la victoria del señor Jesucristo es la que enriquece y no añade tristeza en tu corazón o en tu vida. El gozo del señor es nuestra fortaleza, es nuestra fe para seguir caminando en las luchas y en las pruebas. La fe es el fundamento, porque nadie puede poner otro fundamento que el que está puesto, el cual es Jesucristo.

Cuando algo es real, auténtico y verdadero, no hay tempestad que lo pueda destruir. *"Él restaura a los de corazón quebrantado y cubre con vendas sus heridas", Salmos 147,3*. Abre tu corazón a Cristo y tu vida cambiará por completo. No malogres tu vida con preocupaciones, más bien disfrútalo poniendo tu fe en Jesús. Recuerda, no hay tempestad y problema que lo destruya ni que lo impida, preocuparse no cambia nada en tu vida, pero tener fe en Cristo lo cambia todo. Que tus pensamientos no te cieguen, porque recuerda que no son tus pensamiento, sino el de Dios. Su palabra dice: *"Porque mis pensamientos no son vuestros pensamientos. Ni vuestros caminos mis caminos"*. Mira bien el camino y podrás ver cuántas promesas Dios te da diariamente. Cristo sigue trabajando en tu vida y cada prueba que Dios te da te acerca más a su propósito.

Espera tu victoria con fe. Cristo está contigo, amor a Jesús es una bendición, un gran privilegio en nuestra vida.

Amén. ¡Aleluya! ¡Gloria a Dios!

Mujer y varón sigue con tu vida puesta en Dios, aunque soplen fuertes vientos, tempestades y tu vida sea puesta en prueba, no les temas a los vientos, ten fe a Cristo. La única arma de Dios es la fe que penetra hasta lo más profundo de tu corazón, pues Cristo tiene grandes propósitos para tu vida. Sé paciente, a veces hay que pasar por un proceso doloroso para conseguir lo mejor, pero siempre con fe en Cristo nuestro señor.

La fe abre la puerta a la promesa que Cristo tiene para ti. Cristo la mantiene abierta hasta que se cumpla. Ten fe, no hay herida que Cristo no sane, ni problema que Cristo no resuelva. En medio de cualquier batalla que tengas la mejor arma es la oración y el ayuno, para que Cristo tenga la puerta abierta a tu promesa. *Sabiendo que la prueba de nuestra fe produce paciencia, Santiago 1,3.* ¡Aleluya!

Hoy es un día perfecto para agradecer a Dios y disfrutar sus grandes bendiciones. Sus milagros, su fe, sus promesas, sus victoria, su gracia, su amor, su salvación para nosotros. Por su sangre preciosa, su fidelidad, su misericordia. Todos estos regalos preciosos son viviendo por la fe, porque la fe sin obras es muerta.

La fe en Jesús cambia todo en nuestra vida. Cuando la presencia del Espíritu Santo está contigo, ni los infiernos te pueden tocar, mucho menos detener. No Temas, el desierto podrá ser duro para caminar, pero la victoria está segura en tu vida. Tal vez no entiendes lo que estás pasando, pero tenemos que revivir esa fe con fortaleza, con ayuno, y oración, pidiéndole a Dios con todo el corazón para que la respuesta venga a nosotros, a tu vida, a tu hogar. No te rindas por nada. Las piedras en tu camino son para que tu fe crezca y aprendas a depender de Dios.

No te distraigas por la tormenta, enfócate en las cosas de Dios. Cristo Jesús es fiel a su palabra. Dios no es hombre para que mienta, ni hijo de hombre para que se arrepienta, no importa el panorama que estés pasando, las circunstancias que te rodeen, los comentarios de las personas ni lo que tu misma mente te quiere hacer creer. Lo que realmente importa es que Cristo no falla, él es fiel a su promesa. Su fidelidad es grande, su fidelidad incomparable es fiel, hará en tu vida lo que he prometido hacer, pase lo que pase, Cristo Jesús cumplirá. A veces Cristo permite que toques fondo para que descubras que él es la roca que sostiene tu vida. Para que no se te olvide que él es la respuesta de todo... la circunstancia.

No existen límites para quien tiene fe en Jesús. Confía en Jesús. Él hace posible lo imposible, Él es quien cambia tu vida, la vida de tu familia, transforma la circunstancia. Él es un Dios bueno, su amor es siempre el mismo, su amor es infinito, su amor no tiene fin y su fidelidad jamás cambia.

¡Aleluya, aleluya!

Cuando la obediencia supera el conocimiento, la fe es activa y vemos milagros grandes en nosotros. Por ejemplo, Jobfue fiel en medio de la prueba y Dios lo recompensó. Levántate con fortaleza, con ánimo con poder en medio de la prueba y verás la Gloria de Dios en ti y en tu familia. Aférrate a Dios. Su palabra dice en *Hebreos 10,39: "Pero nosotros no somos de los que retroceden"*. Sino para ganar la victoria. Hoy es el día de tu milagro. Hoy es el día de tu Victoria. Hoy es día de tu bendición. Hoy es el día de tu promesa. Créelo, los cristianos no son de los que retroceden para perder la victoria, sino de los que tienen fe. Jesús te da la victoria, porque su misericordia es grande. Perderé 1000 batallas, pero jamás perderé mi fe en Jesús.

¡Aleluya! ¡Gloria a Dios!

Fe es adelantarse a la victoria, agradecer antes de que ocurra y sentir paz, gozo, sabiendo que Jehová de los ejércitos no falla. Los mejores momentos de tu vida están en tu fe, en tu paz interior, en tu fortaleza, en tu paciencia.

A veces pensamos que la vida es dura, pero vienen tiempos de victoria para los que tienen fe en Cristo. Cuando nosotros pensamos negativo es cuando Dios te dice: "agranda tu fe, porque lo que traigo a tu vida es inmenso y poderoso". Tenemos que tener esa fe puesta en la roca que es Cristo. La fe no conoce derrota, crece cada día en nosotros y se fortalece en la dificultad. La fe siempre te llevará a lugares de victoria, siempre he puesto los ojos en Jesús, el autor y consumador de la fe para que sigas adelante.

Honra a Jesús con tu fe y la oración, y verás su poder y sus bendiciones en tu vida y la de tu familia. Jesús te escucha en todo momento si oras con fe. No importa cuán grande es la tormenta, cuán fuerte sean los vientos. No dejes de orar con fe, no dejes de pedirle a Dios, Él cumplirá los anhelos de tu corazón. Ten fe, nada más. La fe es el ingrediente espiritual más importante en la vida del ser humano. Ten fe, tus ojos verán cómo Jehová transformará a tu familia. Eres una hija del altísimo, del Dios vivo. Eres fortalecida, eres una guerrera de fe. Eres amada por un rey de Reyes, eres ungida por el Espíritu Santo. Jamás te des por vencida. Vamos, anímate, *ten fe*. Arrebata tu bendición tu sanidad, tu salvación, tu liberación, tu nueva vida en Cristo Jesús.

A veces Cristo cierra una puerta que nunca imaginaste que Cristo cerraría, para darte algo que nunca imaginaste tener. Ten fe, no todo llega al tiempo que tú quieres, sino en el tiempo perfecto de Cristo. Cuando Cristo nos prueba, nunca es para destruirnos, sino para perfeccionarnos. Sigue hacia adelante con fe. Prepárate para lo que viene para ti. Si la tormenta, la prueba, fueron problemas grandes, la bendición… la victoria será inmensa. Entre más fe y amor tengamos en nuestro interior, más fortalecidos seremos.

La fe es algo que debe ir creciendo en nuestra vida. Tenemos que oír la palabra de Jesús para que la fe crezca en nosotros. Ser fuerte y, aunque todo parezca perdido en ti, intenta nunca perder tu fe. Cristo está de tu lado y si crees en Cristo, será Cristo quien te dará la victoria. Un hombre de fe no camina por lo que ve, sino por lo que cree. fe es creer que lo que Jesucristo ha prometido en su palabra es más real que lo que está delante de nuestros ojos.

La victoria está en ti, camina con fe hacia adelante. La mano de Dios no se mueve por tu necesidad, sino por tu fe. La victoria es tuya en el nombre de Jesús. Aquel problema, aquella tormenta que tenías, será resuelto por la mano poderosa de Dios. Dios pelea por ti en cada batalla que el enemigo te traiga. Tu lucha, tu desierto, es la antesala a tu victoria. Tu bendición, tu promesa por Dios. Recuerda, nunca nadie entra a la Tierra Prometida sin antes haber atravesado el desierto. Es por la fe que Jesús te prospera. Nuestra perseverancia y fe debe estar fundada solamente en Jesús. ¡Aleluya! ¡Gloria a Dios!

Como dice la Santa Escritura, *Santiago 2,14-26: "La fe sin obras es muerta. ¿De qué aprovechará al hombre si dice que tiene fe y no tiene obras? ¿Podrá la fe salvarle? ¿Y si un hermano o una hermana están desnudos y tienen necesidad del mantenimiento de cada día, y alguno de nosotros les dice ir en paz, calentaos y saciaos? ¿Pero no les das las cosas que son necesarias para el cuerpo, de qué aprovecha? Así también la fe, si no tiene obras, es muerta en sí misma, pero alguno dirá, tú tienes fe. Y yo tengo obras, muéstrame tu fe sin tus obras y yo te mostraré mi fe por mis obras. ¿Tú crees que Dios es uno? Bien haces. También los demonios creen en la palabra de Dios y tiemblan. ¿Mas quieres saber hombre? ¿Vano que la fe sin obras es muerta? No fue justificado por las obras Abraham, nuestro padre, cuando ofreció a su hijo Isaac sobre el altar".* ("Bible Gateway passage: Santiago 2,21-26 -Reina-Valera 1960") *¿No ves que la fe actuó juntamente con sus obras? Y que la fe se perfeccionó por las obras. Y se cumplió la escritura que dice, Abraham creyó en la fe de Dios. Y le fue contado por justicia. Y fue llamado amigo de Dios. Nosotros vemos, pues que el hombre es justificado por las obras y no solamente por la fe. Asimismo, también Rahab la ramera. No fue justificado por obras cuando recibió a los mensajeros y los envió por otro camino. Porque como Cuerpo sin espíritu, sin esperanza de Dios, sin fortaleza. Sin ánimo a nada. ¿Está muerto o espiritualmente? Ese cuerpo está muerto. Así también la fe sin obras es muerta.* Así es como trabaja la fe en nosotros, una fe viva, eficaz.

La fe y la oración es adelantarse a la victoria y agradecer antes de que ocurra la victoria, el triunfo. Es sentir paz en el corazón sabiendo que Dios no va a fallar. Siempre la oración es el arma más poderosa del cristiano. Cuando te sientas desanimado, sin esperanza, cuando necesites hablar con alguien y no encuentres a nadie conectado, busca a Jesús. Jesús nunca se desconecta de tu corazón. Cuando encuentres tu respuesta, que nada ni nadie logre borrar tu gozo de tu corazón, porque lo que el Espíritu Santo tiene preparado para ti es más grande que todas las cosas que tú le has pedido. No importa lo que enfrentes en la vida. Nada más busca la presencia de Dios cada día de tu vida, Él es tu fortaleza. Recuerda, el Reino de los Cielos, los arrebatan los valientes.

Si te falta fe en su vida para ser sanado, pídela en oración, ayuna y ora. Pide con humildad y él te concederá. No hay demonios ni enfermedad que no se sujete ante el poder de la palabra y la sangre de Jesús. Ánimo, *ten* fe en Dios. *Isaías 55,5: "Y por su llaga fuimos nosotros curados, de toda clase de enfermedad del enemigo".*

Cuando estés pasando por un desierto muy difícil, recuerda que las batallas más duras no se pelean ni con gritos, ni insultos, ni con golpes, ni con indirecta, ni con chismes. El arma más poderosa para salir de ese desierto es la oración ferviente, la oración donde se siente la Gloria de Dios, la oración de fe, la oración con poder para que rompa toda atadura del diablo. Dice su palabra que levanta al caído, sana al enfermo, sana la depresión, quita todo dolor y desesperanza a la afligida. Su nombre es inigualable, Jesús te enseña, pase lo que pase, siempre será victorioso. Por eso lo único que te mantiene parado, no son tus pies ni tu fuerza, es la misericordia de Dios a través de la fe en Jesús.

Como perfecto arquitecto, Jesús hará de tus ruinas el más grande castillo. Jesús es Jesús de victoria. A pesar de las ruinas, no pierdas la fe en ti mismo. Cuando Satanás dejó tu casa en ruina, sin esperanza, vino el arquitecto a trabajar y a construir tu castillo que Satanás lo arruinó. Porque él es la principal piedra del ángulo.

Tu vida está en las manos de Jesucristo. Recibe, por la fe, su fortaleza diaria para seguir adelante cruzando el desierto hasta llegar a la Tierra Prometida, donde hay leche y miel. Cuando nos sentimos tristes o angustiados, nuestra alma y espíritu son fortalecidos por el poder de él. Hay 3 personas que te aman, pero es un solo Dios verdadero y nunca te dejará solo. Es el padre, el hijo y el espíritu Santo, Amén.

¡Aleluya! ¡Gloria a Dios!

En la vida solo hay 2 grandes cosas que nunca debes de perder, la fe en Cristo y las ganas de luchar. Si pierdes la fe, pierdes tu vida espiritual en ti y si pierdes las ganas de luchar, mueres lentamente en tu vida espiritual. No tienes opción, solo seguir adelante buscando la Gloria de Cristo. Como dice en *Jeremías 33,3: "Clama a mí y yo te responderé y te enseñaré cosas grandes y ocultas que tú no conoces"*. No hay nada más fuerte que la fe y tan grande como Dios.

1 Juan 5,4: "Porque todo lo que es nacido de Dios vence al mundo y esta es la victoria que ha vencido al mundo, nuestra fe". No dudes de Jesús, no se necesita de suerte ni de brujería. Cuando tienes la gracia y el favor de Cristo en tu vida, sabiendo que su misericordia es grande, todo tiene su tiempo, *ten* fe y paciencia. Jesús sabe lo que es mejor para ti, tu tiempo es perfecto. Jesús pelea por nosotros, haciendo retroceder la enfermedad oscura de tu cuerpo, iluminando con su reino que es inconmovible.

Que tu fe sea más grande que tus dudas. No permitas que Satanás te quite tu bendición por falta de la fe en ti. Tu sanidad, tu fe, tu gozo, tu paz, tu alegría. ¿Sabes por qué? Porque si Jesús te dio esa victoria, nadie podrá destruir lo que en muchos años construiste. No te rindas, mantente firme en la roca. Recuerda que Jesús les da las batallas más difíciles a sus mejores soldados. Por medio de la fe, nadie podrá destruir la promesa que Jesús depositó en tu familia y en ti. La gran meta, la gran fe es andar de victoria en victoria, de poder en poder, en gozo y en confianza. ¡Aleluya! No pierda la fe, los milagros no llegan en el instante, cuando tú se los pides, sino cuando Jesús les permite llegar.

Cuando el enemigo se levante contra ti, Dios pone paz en ti, pues por la fe tenemos paz para las tribulaciones. Ponte a orar porque Dios tiene cosas maravillosas, solo deja que Jesús te guíe en tu camino. Ten la seguridad que la bendición de Dios te llegará cuando tú más la necesitas. También tenemos que gloriarnos en las tribulaciones, pues por la fe tenemos paz para con Jesús, por medio de nuestro señor Jesucristo. Por quien también tenemos entrada por la fe a esta gracia en la cual estamos firmes y nos gloriamos en la esperanza de la Gloria de Jesús. Y no solo esto, sino que también nos gloriamos en las tribulaciones, grandes y pequeñas, sabiendo que la tribulación produce paciencia en Cristo y la paciencia prueba y la prueba esperanza, primeramente, ten fe y créelo.

CAPÍTULO V

Obteniendo de vuestra fe que es la salvación de nuestra alma

Jesús Siempre escucha nuestras oraciones y recibe nuestro ayuno sin perder la fe en Jesús. Jesús es amor, Jesús es vida eterna, Jesús es nuestra fortaleza. El espíritu Santo jamás te abandonará, confía en él. A pesar de todos nuestros errores, él es fiel. A veces estamos cansados, pero jamás vencidos en el nombre de Jesús. Dice su palabra, *Isaías 40,31:* *"Pero los que esperan a Jehová tendrán nuevas fuerzas. Levantarán alas como las águilas. Correrán y no se cansarán. Caminarán y no se fatigarán".* Dale gracias a Dios por darte fuerza como el águila, que a veces te hace falta para continuar tu camino. Jamás pierdas tu fe en Cristo. Es mejor perder 1000 batallas, pero jamás perder tu fe.

El plan de Satanás no es herirte, el plan de Satanás es destruirte para siempre y que no te levantes. Tienes que orar para que no descuides tu relación verdadera con Jesús. Satanás no tiene autoridad sobre los ungidos de los hijos de Jesús. Nadie ha hecho el arma que pueda destruirte. En Santiago nos dice Someteos: "pues a Dios resistid al diablo, y huirá de nosotros". El señor Jesús afirma que los que les sirven les da la victoria. Siempre el diablo trabaja con la duda. Jesús trabaja con la fe, pero quien escoge la herramienta eres tú. Entonces nunca dejes una herida en tu corazón que te haga dudar de la presencia de Dios. Entregarle todo tu pasado a Jesús, toda clase de heridas que traigas en tu corazón. Dice su palabra que si alguno está en Cristo nueva criatura es. Las cosas viejas pasaron, aquí todas son hechas nuevas. Ponte en las manos de Dios y deja que él te dé la victoria.

Mantén firme tu fe, no hay duda que te pueda vencer. Dios está contigo, no tienes nada que temer. Ora con fe y aprende a esperar con paciencia, no te afanes ni te angusties por nada. Recuerda que Jehová es misericordioso y escuchará tu oración y mirará tu ayuno. La oración eficaz, victoriosa y la escritura de la palabra de Dios son herramientas que Cristo nos ha dado para enfrentar las tormentas, los problemas de la vida. Tenemos que saber esperar, porque esperar es la clave que nos lleva a la victoria. Permite que Jesús hable a tu corazón. Si queremos conocer la Gloria de Cristo, si queremos experimentar las victorias de Cristo y si queremos ser usados por el Espíritu Santo, entonces debemos vivir en santidad, humildad y obediencia. Cristo tiene el poder de cambiar tu vida en un abrir y cerrar de ojos. Sin perder la fe en Jesús, aunque estés pasando una difícil situación.

Ten fe, hoy puede ser el día en que Dios responda a tu oración. Dice su palabra: "por tanto, te digo que todo lo que pidieres orando, creer que lo recibirás y vendrá tu bendición grande". No te des por vencido, no pierda la fe por el tiempo en que tarda en llegar tu petición. No importa si ya pasaron meses, años, días, vive confiado. Jesús siempre cumple su promesa. Acaso no dice Jesús en *Hechos 2,33: "Porque para vosotros es la promesa y para vuestros hijos. Dios hace promesa a través de la fe, es, pues, la fe, la certeza de lo que se espera. La convicción de lo que no se ve. Dios no es hombre para que mienta, ni hijo de hombre para que se arrepienta", Número 23,19.*

Cuando la presencia del Espíritu Santo está contigo ni los infiernos te pueden tocar, mucho menos detenerte cuando la Gloria está sobre ti. Aunque el camino sea duro, largo y difícil para tu vida, nunca dejes de tener fe. Confía en Cristo, tienes que tener fe, sea cual sea la dificultad que hoy estés enfrentando. Si te pones a orar, recuerda, la oración es lo que le da a Cristo acceso para obrar en tu vida. Dice la palabra de Dios: "la fe es por el oír y el oír por la palabra de Dios". No temas por tus finanzas, no temas por tu enfermedad, no temas por nada que venga a tu vida. No temas por tu hijo, no temas por tu matrimonio, no temas por tu familia. Nada más mantente firme en la fe y verás cómo el eterno Dios todopoderoso te dará la victoria. *San Mateo.7,7: "Pedir y se lo daré. Buscar y hallará. Llamar y se le abrirá. Porque todo aquel que pide recibe. Y el que busca halla. Y al que llama se le abrirá".* Entonces no te rindas, el desierto podrá ser duro, pero la victoria está segura. Tal vez ahora no entiendas lo que estás pasando, pero con el tiempo Dios revelará su plan hermoso para tu familia y para ti. La fe mueve grandes problemas. El amor de Jesús mueve fronteras difíciles. La oración y el ayuno mueven la mano de Dios.

Cuando no entiendas lo que está pasando en ti, no le des la espalda al problema enfréntalo. Ponte de rodillas, cierra los ojos, ponte a orar di así: "Señor, sé que esto es parte de tu plan. Por favor, solo te pido que me ayudes a superarlo, venga lo que venga no temeré. Dios está conmigo, lo imposible no existe para Dios, tengo fe. Porque tu palabra dice, *Filipenses 4,13: "Todo lo puedo en Cristo que me fortalece".*

Por la autoridad de Cristo se quiebra todo poder maligno y se obtiene liberación en las áreas que necesitamos. Mediante la fe conoceremos su poder. No importa cuán grande sea la montaña. Lo importante es que Jesús derrumba todo tipo de montaña de problemas.

1000 veces te fallé, mas tú fuiste fiel conmigo. Busqué a Jehová y él oyó y me libró de todos mis problemas, de mis temores.

¡Amén, aleluya! ¡Gloria a Dios!

No pierda la fe a pesar de los problemas a tu alrededor, Cristo siempre está contigo, él te dará la victoria. Joe perdió todo menos la fe. Joe recuperó todo lo que había perdido. Así es, nuestra vida está en las manos de Cristo. Recibimos por fe de su fortaleza diaria para seguir adelante luchando. Sobre todo, tomar el escudo de la fe con el cual poder apagar todos los dardos de fuego del maligno y tomar el yelmo de la salvación. Y la espada del espíritu, que es la palabra de Dios.

Fortalécete en el señor Jesús y en su presencia divina. Cuanto más grande sea Jesús en tu vida, más pequeños serán los problemas, como está escrito, más el justo por la fe vivirá. Cuando borras diariamente el Espíritu Santo obra en tu vida. Va siendo restaurado y eres transformado en una persona nueva. *2 Corintios 5,17: "De modo que, si alguno está en Cristo, nueva criatura es. Las cosas viejas pasaron. He aquí todas son hechas nuevas".* No solo nos habla de la sanación del cuerpo, también nos habla de la sanación del alma. Si tienes cáncer, diabetes, sida, coronavirus, asma, etc. Si el doctor o la ciencia no pudo sanarte, Jesús sí puede sanarte. No pierda la esperanza, lo que para el hombre es imposible, para Jesús todo es posible. Así como Jesús sanó al ciego, sanó a los paralíticos, sanó a los sordos, al mudo, a la mujer del flujo de sangre. Así te puede sanar a ti, solo ten fe y cree en Jesús, nada más. Por su llaga fuimos nosotros curados. Si Dios sacó a Israel de Egipto, te sacará de cualquier aflicción. fe, agradecer a Jesús por milagros que aún no has visto. Eso es tener fe en Jesús.

Spk. En Jesús tenemos seguridad y acceso con confianza por medio de la fe en él. En él tenemos seguridad. Jesús es la razón de nuestra fe. La fe es en él. No en nosotros mismos, ni en nuestra experiencia o en nuestra sabiduría. Cuando todo parece perdido, Cristo Jesús demuestra su amor por ti. Cada mañana, cada amanecer, porque él es bueno, porque para siempre es su misericordia. Regalándote su misericordia es cuando más brilla el gran amor de Cristo en tu vida.

Qué hermoso privilegio es servir a Dios. Cuando tenemos problemas, luchas en momentos difíciles. A veces Jesús permite que toques fondo para que descubras que él es la roca que sostiene tu vida en los tiempos difíciles. Es un privilegio darle gracias a Cristo en los tiempos dolorosos. Alaba a Dios en cada momento. Agradece a Dios en los tiempos de angustia. Agradece a Dios en el tiempo de gozo, porque *Santiago 5,13* dice: "*¿Está alguno entre nosotros afligido? Haga oración. ¿Está alguno alegre? Cante alabanzas*".

Aun con tu mundo hecho pedazos, ama al señor, tu Dios, con todo tu corazón, con toda tu alma y con toda tu mente, porque Cristo guiará tus pasos y te levantará. "No temas porque yo estoy contigo", dice tu Dios, "no desmayes, porque yo soy tu Dios, que te esfuerzo. Siempre te ayudaré, siempre te sustentaré con la diestra de mi justicia". Jesús pondrá paz en medio de la tormenta. No importa qué pedazo, el mundo te dejó. Cristo nunca te abandonará porque grande y fuerte es nuestro Dios. Jesús es tu paz. Dice su palabra: "la paz te dejo. Mi paz te doy". Yo no la doy como el mundo la da. No se turbe nuestro corazón ni tenga miedo. Hay fe que conquista el mundo y hay fe que es conquistada por el mundo.

No olvides que no hay nada más poderoso que el ayuno y la oración. No hay más fuerte que la fe. No hay nada más grande que Jesús en tu corazón. A veces tenemos que pasar por grandes tribulaciones, problemas, pruebas para entender que por medio de la fe está la victoria. Primero está la sanidad del alma del corazón, segundo la sanación de cualquier enfermedad del cuerpo. Caminar con Jesús puede que sea difícil, pero no te rindas porque al final de esta batalla, tú tendrás una corona preciosa y una vida eterna por medio de tu fe.

Si nuestra fe es una semilla viva, nacida de la confianza en Jesús, nutrida por el Espíritu Santo y regada por la palabra de Dios, la semilla producirá frutos en nuestra vida. La semilla de la fe es la llave que abre la puerta del cielo, para que todos los recursos que necesitemos sean nuestros y así poder enfrentar cualquier problema o situación adversa en nuestra vida. Pero usted puede alcanzar la victoria y la completa liberación de estas áreas en su vida, aplicando y confesando la palabra de Cristo. Por la fe en ayuno y oración, doblando rodillas y estudiando la escritura. Nuestro Padre Celestial es el creador de todo lo visible, de lo invisible. Debes depositar su fe en su palabra y verás su Gloria. No busque a Cristo solo cuando tienes problemas. Búscalo cada día de tu vida, a cada momento.

Cuando tenía 8 años de edad, era una niña. Mi mamá me mandó a lavar los trastes. Vivía en México, Guerrero. Fue allí cuando descubrí que Cristo me reveló su palabra, en mi mente, del libro. Entonces luché por mi sueño y jamás me resistí de escribir un libro a través de la fe. Sin perder la fe en Jesús. Cristo me dio lo necesario para poder escribir el libro. Sin perder la fe en Jesús. Recuerdo que decía yo: "pero ¿qué libro voy a escribir? Si hay miles de libros en el mundo. Me ponía a pensar qué era lo que Dios quería que escribiera en el libro. Así pasaron los años sin saber el significado del libro. Entonces me fui a vivir a los Estados Unidos. Fue entonces cuando conocí a Jesús y lo acepté en mi corazón, como mi Salvador en el año 1989.

Fue entonces cuando un día en la Iglesia donde me congregaba el Espíritu Santo, me reveló el libro que tenía que escribir otra vez. Cuando llegué a casa me puse a escribir mi primera hoja del libro. Palabras que el Espíritu Santo me revelaba en mi mente que escribiera en el libro. Entonces escuché su voz en mi oído, me dijo: "hay mucha gente sin fe, no creen en mí, no creen en mi palabra". Así fue como escribí este libro, inspirado por el Espíritu Santo y *guiado* por Jesús.

Cada vez que Jesús me revelaba su palabra, lo escribía rápido para que no se me olvidara. Cuando estaba acostada en mi cama, la presencia de Jesús estaba conmigo y me revelaba su palabra. Me levantaba de la cama a prisa para escribir el libro. También cuando llevaba a mis hijos a la escuela, cuando le daba de comer a mis hijos, cuando andaba en las tiendas, cuando trabajaba, Dios me hablaba, en mi mente, lo que iba a escribir en el libro. A veces cuando iba manejando en mi carro el Espíritu Santo me decía: "escribe lo que te voy a decir". Entonces yo me salía de la calle para pararme en la orilla y empezaba a escribir rápido para que no se me olvidara.

Siempre el espíritu santo me decía: "escribe en el libro de la fe, de los milagros". Me decía que Jesucristo es el mismo ayer, hoy y por los siglos de los siglos. No pierdan la fe. Cada vez que me ponía a escribir el libro, el señor era mi fortaleza, él me daba la victoria para escribir mi libro. Antes de escribir mi libro oraba, ayunaba, doblaba rodillas para que fuera de gran bendición para el mundo.

Le pedía al Espíritu Santo: "dame entendimiento, dame sabiduría, dame descendimiento para terminar el libro que estoy escribiendo inspirado por ti. Pasé pruebas muy duras, tempestades muy negras, problemas muy difíciles, pero su misericordia por su gracia a Dios, seguía adelante, escribiendo mi libro. Porque la fe en Cristo, ambos son invisibles, pero son tan fuertes y poderosas que pueden mover montañas gigantes.

Sin perder la fe en Jesús.

Sobre el Autor

Rubí Romero Patricio comenzó a creer en Jesús cuando llegó a la ciudad de Van Nuys, California, en abril 25 de 1989.

Aceptó a Jesús en su corazón. Desde ese día a experimentado su fe por medio de Jesús. Ha sido transformada por su amor, por su misericordia, por su gracia. Tiene fe en el señor Jesús. Se alimenta con su palabra, viva poderosa.

Cuando sus hijos fueron llamados por el Espíritu Santo para servir a Jesús, fue una vida con fe y victoriosa en ellos. El llamado de Jesús es diferente que un título de hombre. Oraba, ayunaba, doblaba rodillas cada día por sus 7 hijos. Su fe fue tan grande que Cristo le dio la respuesta. Para ella fue un privilegio ver a sus hijos trabajando en la obra de Jesús, para que llegaran a ser lo que son ahora, servir en la obra de Jesús. Fueron lágrimas, llantos ante la presencia de Jesús. El Espíritu Santo le daba fortaleza, su Gloria caía sobre ella. Era una madre de fe por sus hijos. No caminaba por lo que veía, sino por lo que creía.

Ha experimentado lo maravilloso que es Dios con ella. Por ejemplo, las victorias, las bendiciones, las promesas, los milagros en su vida y en la vida de sus hijos. Porque no hay imposible para Dios cuando vienen las pruebas fuertes, las tormentas. Lo más grande en su vida es creer en la fe, es un privilegio para ella amar a Jesús en las pruebas y en la enfermedad. Aunque su cuerpo se sienta débil siempre en su mente y en su corazón, está sembrada Su palabra viva y poderosa. *Filipenses 4,13: "Todo lo puedo en Cristo que me fortalece".* Aunque su vida ha sido dura le da gracias a Jesús porque todavía sigue de pie. No desmaya nunca, aunque vengan fuertes vientos. *Josué 1,9: "Mira que te mando, que te esfuerces y seas valiente. No temas ni desmayes porque Jehová, tu Dios estará contigo".*

Amará a Jesús hasta su último suspiro de vida. Amará al señor Jesús a través de las pruebas y luchas, con todo su corazón, con toda su alma y con toda su mente. Pase lo que pase en su vida, seguirá confiando en Su palabra. *Filipenses 1,21: "Porque para mí el vivir es Cristo y el morir es ganancia".*

Las escrituras están llenas de promesas, de grandes victorias, de bendiciones, de grandes misericordia de milagros, de prosperidad, de fe, pero primero está la salvación para tu alma. La escritura dice en *San Juan 3,16: "Porque de tal manera amó Dios al mundo que ha dado a su hijo Unigénito, para que todo aquel que en él cree no se pierda mas tenga vida eterna". San Juan 14,6 Jesús le dijo: "Yo soy el camino y la verdad y la vida nadie viene al padre, sino por mí".*

"Deléitate asimismo en Jehová y él te concederá las peticiones de tu corazón". Salmos 37,4.

Amén, amén. Aleluya, aleluya. El Dios todopoderoso y omnipotente reina. Yo soy el alfa y la omega. Principio y fin. Dice el señor, el que es y que era y que ha de venir. El todopoderoso. Rey de Reyes, señor de señores. Él reinará para siempre. Aleluya.

¡Que Dios los bendiga grandemente!

¡Bendiciones, bendiciones!